다시 만날 거야

Original edition published by Paraclete Press, Brewster,
Massachusetts, USA, 2011
© 2011 by Jack Wintz

다시 만날 거야

2018년 8월 27일 교회 인가
2019년 2월 2일 초판 1쇄 펴냄

지은이 · 잭 빈츠
옮긴이 · 임정희
펴낸이 · 염수정
펴낸곳 · 가톨릭출판사
편집 겸 인쇄인 · 김대영
편집 · 이평화, 정주화
디자인 · 류아름
기획 · 홍보 마케팅 · 임찬양, 장제민, 안효진

본사 · 서울특별시 중구 중림로 27
지사 · 경기도 고양시 일산동구 노첨길 65
등록 · 1958. 1. 16. 제2-314호
전자우편 · edit@catholicbook.kr
전화 · 1544-1886(대)/ (02)6365-1888(영업국)
지로번호 · 3000997

ISBN 978-89-321-1546-7 04230
ISBN 978-89-321-1545-0 (세트)

값 13,000원

가톨릭출판사 인터넷 서점 · http://www.catholicbook.kr
직영 매장 · 명동대성당 (02)776-3601, (070)8865-1886/ FAX (02)776-3602
　　　　　가톨릭회관 (02)777-2521, (070)8810-1886/ FAX (02)6499-1906
　　　　　서초동성당 (02)313-1886/ FAX (02)585-5883
　　　　　서울성모병원 (02)534-1886/ FAX (02)392-9252
　　　　　절두산순교성지 (02)3141-1886/ FAX (02)335-0213
　　　　　미주지사 (323)734-3383/ FAX (323)734-3380

가톨릭의 모든 도서와 성물을 '가톨릭출판사 인터넷 서점'에서 만나 보실 수 있습니다.

성경 © 한국천주교중앙협의회

이 도서의 국립중앙도서관 출판예정도서목록(CIP)은 서지정보유통지원시스템
홈페이지(http://seoji.nl.go.kr)와 국가자료공동목록시스템(http://www.nl.go.kr/kolisnet)에서
이용하실 수 있습니다. (CIP제어번호: CIP2018040810)

이 책의 한국어판 저작권은 (재)천주교서울대교구 가톨릭출판사에 있습니다.
저작권법에 의해 한국 내에서 보호를 받는 저작물이므로 무단 전재와 무단 복제를 금합니다.

다시 만날 거야

잭 빈츠 지음 | 임정희 옮김

가톨릭출판사

반려동물을 사랑하는 수많은 이들에게
이 책을 바칩니다.
잊지 마세요. 다시 만날 거예요.

이야기를 시작하며

 우리는 우리를 먼저 떠난 강아지를 하늘나라에서 다시 만날 수 있을까요? 우리와 함께 살아가는 지구상의 다른 피조물들은 어떨까요? 그들의 죽음 뒤에는 무엇이 있을까요?

 잊지 못할 경험을 통해 이 물음에 대한 답을 찾은 제 친구 앤의 이야기를 들려 드릴게요.
 미국 신시내티에 살고 있던 그녀는 어느 날 시내에 나갔다가 겨우 한 살 남짓한 스패니얼 강아지를 만나게 되었습니다. 강아지의 이름은 미스 데이지예요. 그녀는 미스 데이지를 처음 만난 때를 이렇게 떠올렸습니다.

"내가 일하던 초등학교에서 어슬렁거리고 있는 미스 데이지를 발견하자마자 난 금세 알아차렸어. 주인에게 버려진 강아지라는 걸. 어찌나 귀엽던지. 배가 고플 것 같아서 미스 데이지가 자주 머무는 곳에 통조림을 갖다 놓았지. 그런데 통조림 쪽으로는 얼씬도 하지 않더라고. 사람이 무서웠던 거야. 아무도 없는 것을 확인하고서야 조금씩 고개를 내밀더라. 그렇게 꽤 오랫동안 움츠려 있더라고."

미스 데이지를 포기하지 않았던 앤은 마침내 미스 데이지와 친구가 되었습니다. 그리고 결국 둘은 가족이 되었죠. 앤이 흐뭇한 미소를 지으며 말했습니다.
　"집에 데려온 뒤에도 한동안은 얼마나 수줍어하던지. 그래도 오래 걸리지 않았어. 우리가 서로 가족이 되는 데 말이야. 미스 데이지에게 친구가 있었으면 좋겠다고 생각해서 유기견 보호소에서 '앤디'라는 강아지도 데리고 왔어. 미스 데이지와 앤디는 그 후 십 년 동안 둘도 없는 친구로 지냈지. 앤디에겐 조금 미안하지만 난 미스 데이지에게 조금 더 마음이 쓰였어. 두 강아지와 함께 살면서 나는 정말 행복했어.

하지만 강아지들에게 십 년은 매우 긴 시간이었지. 결국 미스 데이지는 병이 들었고, 나는 미스 데이지와 이별할 시간이 다가왔다는 걸 인정할 수밖에 없었어. 아들과 난 숨 쉬는 것조차 힘들어하던 미스 데이지 옆에서 미스 데이지의 고통이 사라지기만을 기도하면서 계속 쓰다듬어 주었어. 그러다가 갑자기 미스 데이지가 고개를 들어 우리를 똑바로 쳐다보더라고. 마치 마지막 인사를 건네려는 것 같았지. 아직도 그 눈빛을 잊을 수가 없어. 우리와 함께해서 행복했다는 마음을 담은 그 선한 눈동자를."

앤은 그때의 슬픔이 되살아난 듯 눈물을 흘리며 이렇게 말했습니다.

"내 오랜 친구 미스 데이지. 난 네가 아직도 너무 그리워. 하지만 난 믿어. 우리가 꼭 다시 만날 거라는 걸!"

앤이 온 마음으로 사랑했던 강아지 미스 데이지의 죽음은 그녀에게 깊고 중요한 물음을 던져 주었습니다. 강아지의 죽음 뒤엔 무엇이 있을까? 그들에게 영원한 삶이 있을까?

강아지를 가족처럼 사랑했던 사람들이라면 앤의 상실감을 가슴 깊이 이해할 겁니다. 그리고 세상을 떠난 강아지를 잊지 않고 그리워하는 마음에서 성숙한 그리스도인의 모습을 느낄 수 있습니다. 단순히 자신의 강아지를 하늘나라에서 다시 만날 수 있을지에 대한 의문만이 중요한 것은 아닐 겁니다. 많이 사랑했고 교감을 나누었던 강아지가 이 세상을 떠나서도 하느님의 은총 속에 행복하기를 바라는 소망이 아름다운 것이겠지요.

저는 50년이 넘는 세월 동안 프란치스코회 수사로 살면서 아시시의 프란치스코 성인에 대해 많은 이야기를 들었습니다. 새들의 말벗이자 위험에 처한 작은 들짐승들의 수호자였던 프란치스코 성인의 일화들을 살펴보면, 그분이 동물들과 얼마나 친밀한 교감을 해왔는지 알 수 있습니다. 또 〈피조물의 찬가〉라는 시에서는, 태양, 달, 별, 물, 불, 땅 등을 형제, 자매, 어머니 등에 비유하며 그들에게 창조주를 찬미하라 말합니다. 프란치스코 성인의 이야기에서도 알 수 있듯, 하느님이 창조하신 모든 피조물들은 하느님 안에서 모두 한 가족이며 똑같이 소중합니다. 인간뿐만 아니라 이 지구상의 모든 피조물들이 한 가족이라는 믿음은 우리가 서로를 이해하는 데 큰 버팀목이 되어 주지 않을까요?

차례

이야기를 시작하며 —————————————— 006

1장 우리 강아지에게도 영혼이 있을까요? ————— 015

2장 보시니 참 좋았다 ————————————— 035

3장 처음처럼 마지막에도 ———————————— 045

4장 동물 축복 ———————————————— 055

5장 인간과 한 배를 탄 동물들 ————————— 065

6장 모든 생물과 맺은 약속 ——— 075

7장 거룩한 계획 ——— 085

8장 공평한 사랑 ——— 095

9장 프란치스코 성인과 피조물 ——— 103

이야기를 마치며 ——— 119

세 가지 축복의 기도 ——— 129

1
우리 강아지에게도 영혼이 있을까요?

1
우리 강아지에게도 영혼이 있을까요?

"우리 강아지를 하늘나라에서 만나게 될까요?"

사랑하는 강아지의 죽음 너머에 무엇이 있을까에 대한 의문은 우리에게 깊은 정서적 울림을 줍니다. 저는 제 경험을 통해 이 질문에 대한 답을 찾았습니다.

지금은 강아지를 키우고 있지 않지만 저도 강아지를 사랑합니다. 항상 강아지들과 깊은 친밀감을 느끼며 지냈습니다. 제가 여덟 살 때의 일부터 들려 드릴게요. 저희 집에는 '토피'라는 이름의 비글 강아지가 있었습니다. 토피를 돌보는 것은 형과 저의 책임이자 기쁨이었습니다. 하지만 안타깝게도 토피는 2년 만에 우리 곁을 떠났습니다. 자동차에 치이는 사고를 당했거든요.

가엾게도 형은 그 광경을 직접 목격하기까지 했습니다. 집으로 돌아와 가족들에게 토피의 사고 소식을 전하며 흐느껴 울던 형을 보면서 저 역시 심한 상실감을 느꼈습니다. 토피가 더 이상 우리 곁으로 돌아올 수 없는 걸 알면서도 토피의 집이 있던 뒷마당을 지날 때마다 마치 토피가 제게로 달려올 것만 같아 가슴이 아팠습니다. 그때 저는 사랑하는 누군가를 잃는다는 게 얼마나 힘든 일인지 이해하게 되었습니다.

저의 또 다른 친구 '매직'이라는 강아지에 대해서도 소개해 드릴게요. 골든 리트리버인 매직은 시애틀에서 살고 있는 여동생의 강아지였죠. 저는 매직이 아주 작은 아기였을 때부터 매직을 봐 왔습니다. 여름 휴가나 크리스마스 때마다 여동생의 집을 방문해 매직을 만났고요. 매직은 저를 참 잘 따랐습니다. 그러던 어느 날, 저는 여동생 소유의 오두막에서 3주 동안 집필 작업을 하게 되었고, 여동생의 부탁으로 매직을 돌보며 지냈습니다.

널찍한 테라스가 있는 오두막은 푸르른 나무가 우거진 언덕 위에 있었습니다. 사방이 아름다운 운하로 펼쳐진 아름다운 자연 환경 속에 야생 동물들이 살아 숨 쉬고 있었습니다. 오두막 위로 높게 뻗은 소나무 꼭대기에는 종종 흰머리 독수리 두 마리가 날아와 앉았습니다. 오두막과 한 쌍을 이루는 멋진 친구들이었죠. 이처럼 아름다운 자연 속에서 숨을 쉬고 사랑스러운 강아지와 친밀한 시간을 보내는 것이 제게는 큰 행복이었습니다.

저는 매직을 데리고 운하를 따라 이어진 아름다운 숲길을 산책하곤 했습니다. 자연 속에서 뛰노는 매직은 영락없는 '리트리버'였습니다. 리트리버는 원래 사냥으로 잡은 날짐승을 수색해 찾아오는 능력이 뛰어난 사냥용 개이기도 합니다. 매직은 제가 멀리 던진 테니스공을 정확하게 찾아 돌아오는 놀이를 좋아했습니다. 오두막에서 수십 미터나 내려가야 하는 운하 쪽으로 공을 던지면 매직은 오십 칸이나 되는 나무 계단을 뛰어 내려가 덤불과 관목을 헤치고 가파른 언덕을 내달려서는 테니스공을 물고 돌아와 제 발치에 떨어뜨렸습니다.

그리고 반짝이는 눈으로 저를 올려다보며 이렇게 말하는 것 같았습니다. '공을 던져 주세요!' 그 눈빛을 보고 어떻게 놀이를 멈출 수 있을까요. 저는 죽 늘어선 상록수 꼭대기를 향해 공을 던졌습니다. 제가 팔을 휘두르며 공을 던지는 모습을 주의 깊게 바라보던 매직은 공이 제 손을 떠나는 걸 확인하자마자 계단과 언덕을 달려 물속으로 풍덩 뛰어들었습니다. 놀랍게도 매직이 제 발 앞에 공을 다시 떨어뜨리는 데에는 3분도 채 걸리지 않았습니다. 그리고 또 다시 반짝이는 눈으로 저를 올려다보았습니다.

지난해에 만난 하얀 시추 강아지 '티타'에 대한 이야기도 들려 드릴게요. 티타는 저와 프란치스코회 수사 다섯 명이 살고 있는 '유쾌한 거리 수도원'에 종종 손님으로 놀러오곤 했습니다. 티타는 저희 수도원 수사의 친구 강아지였는데, 일주일에 하루 이틀 정도는 우리와 함께 지냈습니다. 보호자가 출장을 갈 때에는 수도원에 맡겨져 더 오래 머물며 수도원 사람들의 인기를 독차지했습니다.

티타는 수사들에게 몸을 굴리는 법, '악수'라는 말에 발을 내미는 법, 간식을 달라할 때 뒷다리로 서는 법 등을 배우기도 하고, 우리와 함께 미사를 드리기도 했습니다. 놀랍게도 무척 조용하고 경건한 모습으로요. '평화의 인사'를 할 때 티타에게도 인사를 건네는 수사도 있었습니다. 우리는 우리들과 함께 '하느님을 찬미하는' 멋진 친구가 있어서 행복했습니다. 강아지다우면서도 신비한 티타의 모습은 우리가 성체성사에서 기리는 하느님의 선하심과 사랑을 거울처럼 비춰 주었습니다.

여러분에게 꼭 소개하고 싶은 강아지가 한 마리 더 있습니다. 제 영혼에 큰 평화를 안겨 준 강아지였습니다. 어머니가 돌아가신 뒤 마음을 추스르기 위해 친구 집을 방문한 적이 있었습니다. 그곳에서 멋진 갈색 래브라도 피피를 만났습니다. 친구가 몸집이 큰 피피를 방 안으로 데리고 들어오는데, 녀석은 다른 곳으로 가지 않고 곧장 제 앞에 반듯이 자리를 잡고 앉았습니다.

그리고는 제 얼굴 가까이 고개를 내민 채 슬픈 눈으로 저를 바라보았습니다. 제가 친구 집에 머무는 동안 피피는 종종 이런 행동을 보였습니다. 그 이유가 궁금해 친구에게 묻자, 친구는 피피가 제 고통을 느끼고 교감을 하는 것 같다고 말했습니다. 그 말을 들은 저는 피피의 교감 능력에 놀랐습니다. 사실 피피의 행동을 통해 많은 위안을 받았기 때문입니다. 가만히 앉아 말없이 저를 바라보던 피피의 눈빛에서 저는 이런 마음을 읽었습니다. '당신에게서 상실감이 느껴져요. 너무 슬퍼하지 마세요.'

동물에게는 영혼이 없다고 말하는 사람들도 있습니다. 물론 저도 인간과 동물의 영혼이 동등한 깊이를 갖고 있다고는 생각하지 않습니다. 그렇지만 영혼이 없다고 생각하진 않습니다. 저를 사랑해 주었던 매직, 티타, 피피 같은 강아지들의 뛰어난 교감 능력과 놀라운 본능을 옆에서 지켜보았기에 더더욱 동물의 영혼을 하찮게 여길 수 없습니다.

　그럼에도 불구하고 동물에게 영혼이 있다는 걸 믿을 수 없다면, 적어도 동물들 역시 우리 창조주로부터 놀라운 재능을 받았다는 사실만큼은 받아들여 주시길 바랍니다.

2
보시니 참 좋았다

2
보시니 참 좋았다

하느님께서 만드신 피조물에 대한 동등한 가치를 설명하기 위해 가장 먼저 예로 들 수 있는 성경 말씀은 창세기 1장일 겁니다.

어둠이 심연을 덮은 가운데, 하느님께서는 빛을 창조하시어 빛과 어둠을 갈라 낮과 밤을 만드셨습니다.
"하느님께서 보시니 그 빛이 좋았다."
그리고 하늘을 만드시고 땅과 바다를 가르셨습니다.
"하느님께서 보시니 좋았다."

그런 다음 싹, 풀, 나무, 열매를 더하셨습니다.

"하느님께서 보시니 좋았다."

나흘날이 되자 하늘에 큰 빛물체 두 개를 만드셨는데, 큰 빛물체는 낮을 다스리고 작은 빛물체는 밤을 다스리게 해서 빛과 어둠을 가르셨습니다.

"하느님께서 보시니 좋았다."

닷샛날에 하느님께서는 물에서 사는 생물들과 새들을 종류대로 창조하셨습니다.

"하느님께서 보시니 좋았다."

엿샛날이 되자 땅에서 사는 온갖 생물을 종류대로 만드셨습니다.

"하느님께서는 이렇게 들짐승을 제 종류대로, 집짐승을 제 종류대로, 땅바닥을 기어 다니는 온갖 것을 제 종류대로 만드셨다. 하느님께서 보시니 좋았다."

또 엿샛날에는 사람을 만드시며 말씀하셨습니다.

"우리와 비슷하게 우리 모습으로 사람을 만들자. 그래서 그가 바다의 물고기와 하늘의 새와 집짐승과 온갖 들짐승과 땅을 기어 다니는 온갖 것을 다스리게 하자."

마지막으로 창세기 1장 31절에는 이런 구절이 나옵니다.

"하느님께서 보시니 손수 만드신 모든 것이 참 좋았다."

하느님께서 인간과 인간이 아닌 모두를 아울러 표현하신 '참 좋았다'라는 말씀에서 인간과 다른 피조물 모두가 하느님이 만드신 낙원을 공유하게 하겠다는 하느님의 사랑이 느껴집니다. 인간을 포함한 모든 피조물이 당신이 만드신 낙원에서 평화롭게 조화를 이루며 살아가길 바라셨던 하느님께서 인간에게만 은총을 내리시진 않으셨을 겁니다. 하느님께서는 모든 것을 '사랑'으로 행하시는 분이니까요.

예레미야서 31장 3절을 예로 들어 볼까요. 하느님께서는 이스라엘 백성들에게 "나는 너를 영원한 사랑으로 사랑하였다."라고 말씀하십니다. 시편 136편에서는 '주님의 자애는 영원하시다'라는 구절이 스물여섯 번이나 반복됩니다. 이렇듯 하느님께서는 당신이 만드시고 사랑하시는 이 세상 만물에게 모든 것을 주고자 하시는 분이십니다. 하느님이 주신 고유한 선함과 아름다움을 지닌 피조물을 통해 우리는 하느님의 넘치는 사랑을 느낄 수 있습니다. 하느님의 사랑에는 언제나 모자람이 없습니다. 저는 우리 인간뿐만 아니라 당신이 직접 만드신 모든 피조물에게 동등하게 해당되는 하느님의 사랑을 믿습니다.

3
처음처럼 마지막에도

3
처음처럼 마지막에도

우리는 에덴동산을 상상할 때, 아담과 이브를 포함한 모든 피조물이 인자하신 하느님의 현존 속에서 조화를 이루며 평화롭고 행복하게 살아가는 낙원을 떠올리게 됩니다. 그리고 앞으로 다가올 세상이 어떤 모습일지 통찰해 볼 수도 있습니다. 하지만 무엇보다 에덴동산 이야기는 창조주 하느님께서 마음속으로 그리신 마지막 낙원을 은유적으로 보여 주고 있습니다.

인자하신 하느님께서는 인간과 인간이 아닌 피조물이 본래의 낙원에서 행복을 누리도록 하셨습니다. 그러니 '마지막' 낙원에서도 인간은 물론 인간이 아닌 피조물도 배제되지 않을 것입니다. 동물들이 하느님께서 만드신 첫 번째 낙원에서 하느님과 함께하는 기쁨을 누렸다면, 마지막 낙원에서도 똑같은 기쁨을 누리길 하느님은 바라실 것입니다. 이와 관련해서 최근에 들은 프란치스코회 동료 돈 밀러 신부의 어린 시절 이야기를 들려 드리려 합니다. 돈 신부는 아홉 살 때 자신이 키우던 셰퍼드 강아지 부츠가 자동차 사고로 안타까운 죽음을 당했다고 말했습니다.

"그때 정말 힘들었어요. 눈물이 그렁그렁한 눈으로 부모님께 물었지요. '부츠는 하늘나라에 갔나요? 이 다음에 제가 하늘나라에 가면 부츠를 만날 수 있어요?'"

돈 신부의 부모님은 슬퍼하는 그를 시내에 있는 성심 교회로 데려가 프란치스코회 소속 사제 볼드윈 셜트 신부와 면담하게 했습니다.

"저는 볼드윈 신부님에게 하늘나라에서 부츠를 만날 수 있는지 물었죠. 신부님은 잠시 생각하더니 저를 향해 이렇게 말했어요. '그럼. 네 강아지를 하늘나라에서 만나게 될 거야. 그래야 네가 행복해진다면 말이지.'"

돈 신부는 그때의 생각에 잠겨 잠시 침묵하다가 곧 다시 말을 이어갔습니다.

  "이제 어른이 되어 돌이켜보니 볼드윈 신부님의 대답이 아주 현명했다는 생각이 들어요. 저에게 여러 신학 이론을 들먹이는 대신, 하늘에 계신 하느님은 이 땅에 사는 모두가 더할 나위 없이 행복하게 지내기를 바라신다고 말해 주셨죠. 저에게는 완벽하고도 세심한 대답이었어요."

  천지 창조의 일부로 동물을 창조한 것이 참 좋았던 것처럼, 내세에서도 인간뿐만 아니라 동물들의 삶도 참 좋을 것입니다. 우리보다 먼저 세상을 떠난 강아지를 우리가 다시는 만나지 못할 거라고 그 누구도 단정할 수 없습니다.

창세기의 창조 이야기에서는 만물이 창조되던 처음 순간에 관해서만 들려줍니다. 미래는 언급되어 있지 않습니다. 이렇듯 내세는 우리에게 신비의 대상이지요. 궁금한 게 많은 만큼 감히 이해하지 못할 현상들도 많을 것입니다. 우리는 하늘나라에서 무엇이 우릴 기다리고 있는지 알지 못합니다. 하지만 바오로 사도는 코린토인들에게 이렇게 말했습니다.

"그러나 성경에 기록된 그대로 되었습니다. '어떠한 눈도 본 적이 없고 어떠한 귀도 들은 적이 없으며 사람의 마음에도 떠오른 적이 없는 것들을 하느님께서는 당신을 사랑하는 이들을 위하여 마련해 두셨다.'"(1코린 2,9)

4
동물 축복

4
동물 축복

　동물과 인간이 평화롭고 조화롭게 어울려 사는 마지막 낙원의 모습을 그려 볼 때마다, 저는 아시시의 성 프란치스코 기념일이 떠오르곤 합니다. 이날 전 세계 교회에서는 '동물 축복식'을 거행합니다. 이 식에서는 동물들을 성역에 초대해 하느님 가족의 일원으로 맞아들이는 특별 축복을 줍니다. 축복식은 주로 나무와 꽃들이 만발하고 분수와 연못이 있는 공원이나 교회 마당에서 이뤄집니다.

여러 지역에 사는 사람들이 반려동물들을 데려오기 때문에 소란과 문제가 발생할 수 있습니다. 개들은 고양이들을 향해 짖어대기 시작하고, 사람들은 동물들이 서로 싸우거나 으르렁거리거나 쉭쉭대지 못하도록 안간힘을 씁니다. 그러나 일단 축복식이 시작되면 조화와 평화의 기운이 반려동물들과 사람들 사이에 감도는 신비한 경험을 종종 하게 됩니다. 이러한 경험을 하면서 많은 사람들이 에덴 동산의 동물, 새, 물고기, 나무, 식물을 떠올립니다. 그들은 모두 하느님을 비롯해 아담과 이브와도 조화롭고 행복한 관계를 맺고 있었습니다.

인간이 아닌 피조물에게는 인간의 영혼이 없습니다. 그러나 그들의 삶에도 나름의 원칙 같은 것이 있습니다. 예를 들어 사랑과 충성을 보이는 동물의 경우, 내면의 인식 체계가 분명히 있습니다. 그래서 그들은 자신들의 삶을 즐기거나 보호자에게 큰 기쁨을 줄 수 있습니다. 아름다운 가락으로 노래하는 새는 예술의 세계에 기여하면서 하늘나라의 모습을 상상하게 합니다.

그렇다면 인간이 아닌 피조물들은 하느님과 함께하는 삶에 어떻게 초대될까요?

저는 신시내티의 프란치스코회 수사들이 전국적으로 발행하는 가톨릭 잡지 〈성 안토니오 메신저 *St. Anthony Messenger*〉에 '내 강아지를 하늘나라에서 만날 수 있을까?'라는 제목으로 글을 실은 적이 있었습니다. 그때 저는 수많은 편지를 받았습니다. 모두들 이 문제에 깊은 관심을 보였습니다. 그중 한 편지를 소개할까 합니다.

친애하는 편집자님.

동물들이 하느님 품에 있을 거라는 편집자님의 글을 읽고 뛸 듯이 기뻤습니다.

저는 오랫동안 '동물 축복식'을 주관해 왔습니다. 1972년에는 콜카타의 데레사 성녀에게 격려의 글을 청하는 편지를 보내기도 했습니다. 데레사 성녀께서는 바로 직접 서명한 답장을 보내오셨습니다. 답장의 내용은 이랬습니다. "하느님은 우리를 창조하신 바로 그 손으로 동물도 창조하셨습니다. 우리 인간들은 동물에게 부족한 지성을 선물받았으니, 동물을 보호하고 그들의 복지를 돌보는 것은 우리의 의무입니다. 동물들이 그토록 온순하고 충실하게 우리를 따르는 것도 우리에게는 다 갚아야 할 빚인 셈입니다."

저는 성녀께서 동물에 대해 저희가 고려해야 하는 점을 모두 다 말씀하셨다고 생각합니다.

켄터키 주 루이빌에서 마를렌 드림

5
인간과 한 배를 탄 동물들

5
인간과 한 배를 탄 동물들

  '노아와 방주' 이야기를 모르는 사람은 없을 겁니다. 이 단순하고 명쾌한 이야기는 어린 시절 우리들에게 흥미로운 생각거리를 던져 주었지요. 어른이 되면서 이 이야기를 바라보는 시각도 점점 깊어집니다. 방주는 모든 피조물을 구원하려는 하느님의 열망을 보여 주는 놀라운 상징입니다. 하느님의 구원 계획이 오직 인류에게만 해당되지 않는다는 것을 증명합니다. 인간과 모든 피조물이 함께 한 배를 타게 됩니다.

바오로 사도가 로마 신자들에게 보낸 서간이 떠오르네요. '우리는 모든 피조물이 지금까지 다 함께 탄식하며 진통을 겪고 있음을 알고 있습니다.'(로마 8,22)

악행이 도를 넘자 하느님은 노아에게 지구에 사는 모든 것을 멸망시키겠다고 말씀하십니다.

그러면서 거대한 방주를 만들라고 지시하십니다. 지붕, 3층으로 된 갑판, 옆면에 달린 문 등 여러 가지를 상세하게 주문하시지요.

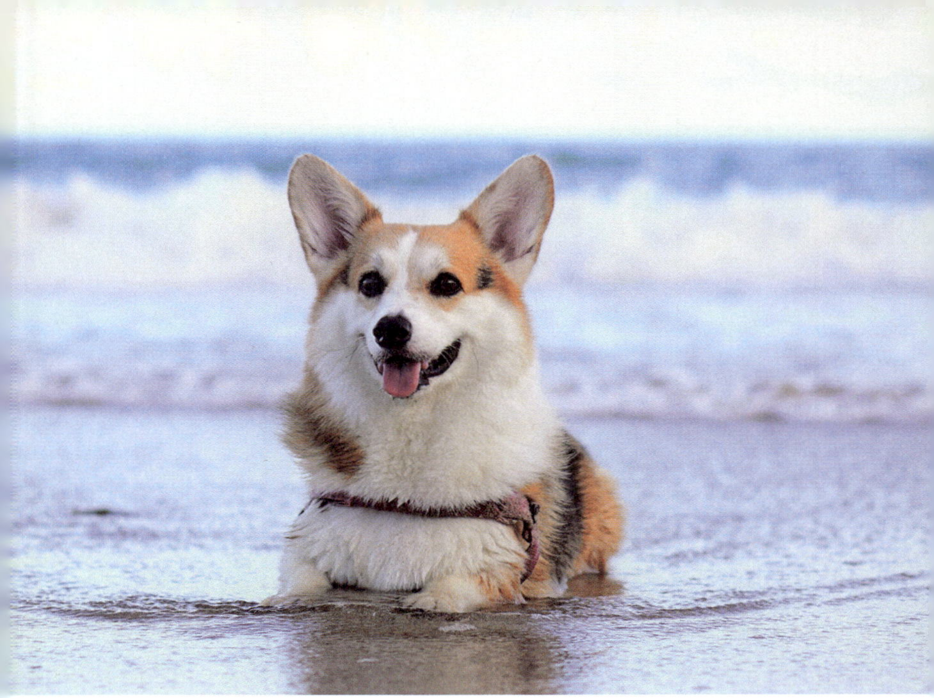

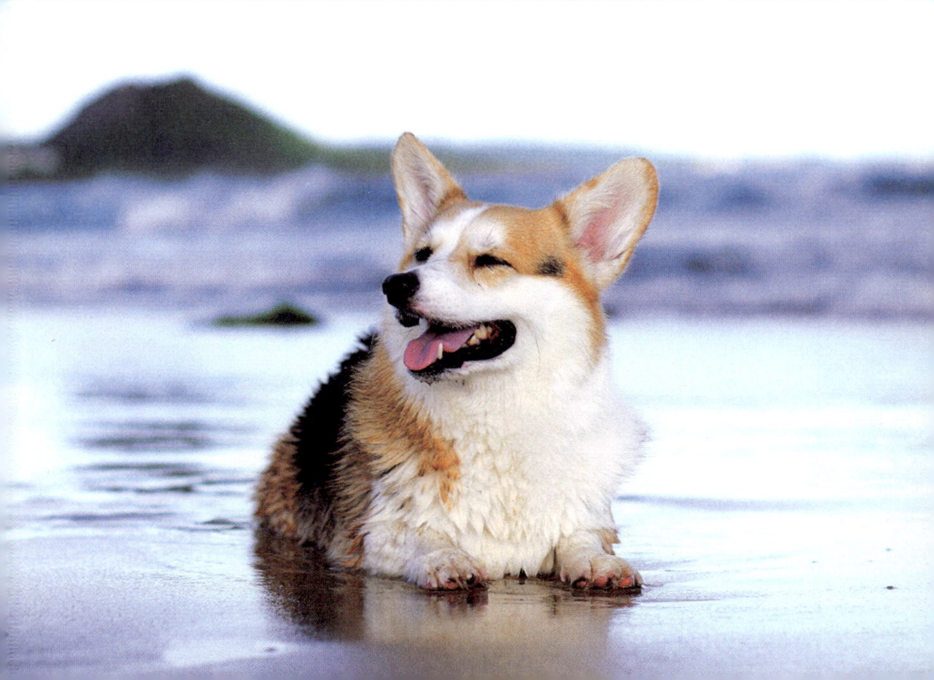

"주님께서 노아에게 말씀하셨다. '너는 네 가족들과 함께 방주로 들어가거라. 내가 보니 이 세대에 내 앞에서 의로운 사람은 너밖에 없구나.'"(창세 7,1)

하느님께서 방주 안의 '모든' 피조물에게 보여 주신 보살핌과 배려는 놀랍기만 합니다. 하느님은 누구도 멸종되는 걸 원치 않으셨습니다. 그래서 '모든 종류'의 피조물을 방주에 태우게 하십니다. 또한 각각의 종이 번식하여 다시 살아갈 수 있도록 '암컷과 수컷'의 수를 맞춰 주십니다. 하느님의 사랑을 느낄 수 있는 대목입니다.

하느님은 동물들을 그저 떼로 몰아 급히 옮겨 놓도록 하지 않으시고, 노아로 하여금 인간의 형제자매인 피조물에게 세심한 주의를 기울이길 원하셨습니다. 하느님의 관심과 배려는 인간뿐만 아니라 피조물 전체로 향하고 있음을 알 수 있습니다. 동물과 그 밖의 피조물은 노아 '가정'의 일원이 되고, 태초부터 하느님의 따뜻한 관심을 받아왔듯 노아의 보살핌을 받게 됩니다. 노아는 하느님을 본받은 것이지요. 인간뿐 아니라 지구상의 모든 피조물을 사랑으로 보살폈던 하느님의 마음을요.

동물들이 방주에 탄 후로 사십일 동안 밤낮으로 비가 내렸습니다. 비가 그치자 노아는 물이 빠졌는지 알아보기 위해 방주의 창문을 열어 비둘기를 날려 보냈습니다. 그러나 내려앉을 곳을 찾지 못한 비둘기는 방주로 돌아왔습니다. 노아는 7일을 더 기다렸다가 다시 비둘기를 날려 보냈습니다. 이번에는 비둘기가 저녁이 다 되어 올리브 잎사귀를 물고 돌아왔습니다. 노아는 그제야 물이 빠지고 있음을 확신했습니다. 다시 7일을 기다린 뒤, 날려 보낸 비둘기가 돌아오지 않자 홍수가 끝났다는 걸 알게 되었습니다. 노아와 아내, 그리고 세 아들과 며느리들은 동물들과 함께 살아남았습니다. 모두 무사한 채로 말입니다.

그런데 여기서 노아와 비둘기 일화를 짚고 넘어갈 필요가 있습니다. 이 이야기는 사실상 인간과 그 밖의 피조물이 공동의 구원에 이르려면 서로 도와야 함을 알려 줍니다. 하느님과 일치를 이루는 과정에서 인간과 동물이 서로 돕는 존재로 묘사되고 있는 겁니다. 이 대목은 동물들과의 관계를 성찰하는 우리에게 중요한 의미로 다가옵니다.

6

모든 생물과 맺은 약속

6
모든 생물과 맺은 약속

성경에서는 구원을 향해 계획을 실행하는 여정에서 우리 인간과 하느님의 피조물이 서로 조력하는 모습을 많이 볼 수 있습니다. 흔한 예로 예루살렘으로 영광스럽게 입성하시는 예수님을 태운 나귀를 들 수 있습니다.(루카 19,29-38 참조) 시편 148편에서는 태양과 달, 빛나는 별에게 영감을 받은 작가가 이들 피조물을 인간의 가족으로 초대해 함께 하느님을 찬양하는 노래를 부릅니다.

이 피조물들은 우리가 창조주에게 더 가까이 다가가도록 돕는 매개물이 되어 줍니다. 우리 일상에서는 어떤가요. 봄날에 아름다운 꽃을 보면 우리는 어느새 창조주를 찬미하게 됩니다.

이제 다시 노아의 이야기로 돌아가 봅시다. 홍수는 끝났지만 노아 이야기는 아직 끝나지 않았습니다. 물이 빠지고 땅이 바짝 마르고 나자 노아 가족은 다른 모든 피조물과 함께 방주를 떠납니다.

"노아는 주님을 위하여 제단을 쌓고, 모든 정결한 짐승과 모든 정결한 새들 가운데에서 번제물을 골라 그 제단 위에서 바쳤다. 주님께서 그 향내를 맡으시고 마음속으로 생각하셨다.

'사람의 마음은 어려서부터 악한 뜻을 품기 마련
내가 다시는 사람 때문에 땅을 저주하지 않으리라.
이번에 한 것처럼 다시는 어떤 생물도 파멸시키지
않으리라.'"(창세 8,20-21)

이번에는 하느님께서 인간뿐만 아니라 어떤 생물도 다시는 파멸시키지 않겠다고 엄숙한 계약으로 다짐하십니다. 이 계약이 노아와 그의 자손들뿐만 아니라 방주에 있었던 새들과 동물들, 즉 '모든 생물'과 맺은 약속임을 주목할 필요가 있습니다. 이 사실은 이들 피조물이 그들 나름의 방식으로 하느님과 소통하고 있음을 보여 줍니다. 그리고 그 방식은 우리 인간의 소통 방식과 비슷하거나 같을지도 모릅니다.

하느님께서 말씀하십니다.

"내가 너희와 내 계약을 세우니, 다시는 홍수로 모든 살덩어리들이 멸망하지 않고, 다시는 땅을 파멸시키는 홍수가 일어나지 않을 것이다."(창세 9,11)

그리고 하느님은 무지개라는 극적인 표징으로 이 계약의 진정성을 보여 주십니다.

"하느님께서 다시 말씀하셨다. '내가 미래의 모든 세대를 위하여, 나와 너희, 그리고 너희와 함께 있는 모든 생물 사이에 세우는 계약의 표징은 이것이다. 내가 무지개를 구름 사이에 둘 것이니, 이것이 나와 땅 사이에 세우는 계약의 표징이 될 것이다.'"(창세 9,12-13)

7
거룩한 계획

7
거룩한 계획

성경에 나오는 요나 이야기를 살펴보겠습니다. 하느님은 요나에게 아시리아의 수도 니네베로 가서 설교를 하라고 명하십니다. 아시리아는 이스라엘의 오랜 적이었죠. 당시 요나가 속한 이스라엘 사람들이 니네베 사람들을 좋아하지 않는 건 당연한 일이었습니다. 요나는 하느님의 사랑이 그런 하찮은 사람들에게까지 미치는 게 싫었습니다. 그래서 하느님이 주신 임무를 거부하고 멀리 달아나려 했습니다.

그러나 하느님은 요나가 도망치도록 두시지 않으셨습니다. 하느님은 큰 물고기를 시켜 요나를 삼키게 하셨습니다. 요나는 '사흘 밤낮'을 그 물고기 뱃속에 있었습니다. 결국 요나는 주님께서 주신 임무를 수행하겠다고 맹세합니다. 이렇게 하느님은 우리의 구원을 위해 동물을 이용하셨습니다. 그럼에도 우리가 동물에게는 영혼이 없다며 그들의 역할을 받아들이지 않는다면 하느님의 참뜻을 느낄 수 없을 것입니다.

노아와 방주 이야기에서 모든 피조물을 구원하려는 하느님의 계획을 돕기 위해 노아가 비둘기를 사용한 것처럼, 이 놀랍고도 감명 깊은 요나 이야기에서는 큰 물고기가 비슷한 역할을 수행합니다. 이 물고기는 요나가 니네베를 구원하려는 하느님의 계획이 이루어지도록 하는 데 중요한 역할을 합니다.

동물들은 우리가 편협함과 옹졸함에서 벗어나도록 많은 가르침을 줄 수 있습니다. 우리는 보호자에게 큰 사랑을 보여 주는 개나 고양이, 그리고 기타 반려동물들을 보곤 합니다. 이들은 보호자가 부유하든 가난하든, 흑인이든 백인이든, 외모가 훌륭하든 그렇지 않든, 건강하든 아프든 상관하지 않습니다. 몇 년 전, 한 봉사자는 강아지 콜리와 함께 정기적으로 요양원을 방문해 요양원 환자들과 저희 어머니를 보살펴 주었습니다.

당시 암 투병 중이던 어머니는 그 봉사자가 데리고 온 강아지에게 큰 위로를 받은 게 분명합니다. 아흔네 살인 어머니가 침대에 비스듬히 기대 누워 있는 동안, 자원봉사자의 허락 하에 어머니 옆에 나란히 누운 강아지는 조금도 불편해하는 기색이 없었습니다. 어머니는 하느님과 함께하는 삶으로 향하는 마지막 여정에서 이 멋진 피조물을 곁에 두고 쓰다듬을 수 있어서 무척 행복해했습니다.

창조주의 거룩한 계획을 이행하는 과정에서, 다른 피조물과 정중하게 협력하는 '우리'의 역할과 하느님의 포괄적인 사랑에 대해 우리는 여전히 배울 게 많은 것 같습니다.

8
공평한 사랑

8
공평한 사랑

    요나 이야기는 모두를 품으시는 하느님의 사랑을 보여 주는 우화이기도 합니다. 이 우화를 통해 우리는 하느님이 인간뿐만 아니라 동물들까지도 아끼심을 깨달을 수 있습니다. 이 이야기에서 요나는 "이제 사십 일이 지나면 니네베는 무너진다!" 하고 외칩니다. 그리고 니네베 사람들에게 무슨 일이 일어나는지 보려고 니네베를 나와 초막을 짓고 그곳에 앉아 있었습니다.

그 사이, 하느님은 아주까리 하나를 마련하시어 요나 머리 위로 자라오르게 하셨습니다. 아주까리로 인해 요나의 머리 위에 그늘이 드리워지자 요나는 기분이 아주 좋았습니다. 그런데 이튿날 하느님은 벌레 하나를 보내시어 아주까리를 갉아먹게 하셨습니다. 아주까리는 곧 시들어 버렸지요.

"해가 떠오르자 하느님께서 뜨거운 동풍을 보내셨다. 거기에다 해가 요나의 머리 위로 내리쬐니, 요나는 기절할 지경이 되어 죽기를 자청하면서 말하였다. '이렇게 사느니 죽는 것이 낫겠습니다.'"(요나 4,8)

하느님은 요나에게 '아주까리 때문에 화를 내는 것이 옳은지' 물으셨습니다. 요나가 대답했습니다.

"옳다 뿐입니까? 화가 나서 죽을 지경입니다."(요나 4,9)

그 말에 하느님께서 말씀하셨습니다.

"너는 네가 수고하지도 않고 키우지도 않았으며 하룻밤 사이에 자랐다가 하룻밤 사이에 죽어 버린 이 아주까리를 그토록 동정하는구나! 그런데 하물며 오른쪽과 왼쪽을 가릴 줄도 모르는 사람이 십이만 명이나 있고, 또 수많은 짐승이 있는 이 커다란 성읍 니네베를 내가 어찌 동정하지 않을 수 있겠느냐?"(요나 4,10-11)

요나 이야기는 이렇듯 흥미로운 질문으로 끝이 납니다. 생각해 보십시오. 우리는 우리에게 단지 그늘을 주었을 뿐인 아주까리에도 마음이 쓰입니다. 우리 손가락 하나 까딱하지 않고 저절로 자란 풀인데도 말입니다. 하물며 그것을 직접 만드신 하느님은 어떠실까요? 사랑이 넘치시는 그분은 인간뿐 아니라 직접 창조하신 모든 것을 아끼실 것입니다. 그들을 향한 하느님의 애정은 정말로 특별한 것입니다.

9
프란치스코 성인과 피조물

9
프란치스코 성인과 피조물

　프란치스코 성인은 피조물에 대한 공경과 세심한 보살핌을 몸소 보여 준 분입니다. 길에서 만난 지렁이 한 마리, 일몰, 시냇물, 귀뚜라미, 나비 등 세상 만물 모든 것에 경외심을 가졌습니다. 독일의 작가이자 철학자인 막스 셸러는 이렇게 말했습니다. "현대의 냉소주의자들이 이 세상에 존재하는 모든 것에서 '벌레' 같은 것을 찾아낸다면, 프란치스코 성인은 벌레에서조차 삶의 숭고함을 보는 분이다."

피조물에 대한 프란치스코 성인의 존중과 배려가 드러나는 일화들은 많습니다. 한번은 수도원 형제가 덫에 걸린 토끼를 발견해 프란치스코 성인에게 데리고 간 일이 있었습니다. 프란치스코 성인은 토끼에게 앞으로는 더 조심하라고 이른 뒤 토끼를 덫에서 풀어 주었습니다. 그러자 토끼는 프란치스코 성인 곁에 머물고 싶은 듯 그의 무릎에 앉았습니다. 그래서 토끼를 숲으로 데려가 놓아주었습니다. 그런데도 토끼는 또다시 그의 무릎에 앉았습니다. 결국 토끼를 놓아주는 일은 수도원의 다른 형제에게 맡겨야만 했습니다. 토끼는 그제야 숲속으로 사라졌다고 합니다. 프란치스코 성인에게는 이런 일이 늘 일어났고, 프란치스코 성인은 그때마다 하느님께 찬미를 드렸습니다.

프란치스코 성인은 물고기에게도 친절했습니다. 한번은 어부와 함께 호수를 건너고 있었는데, 어부가 큼지막한 물고기를 잡아 프란치스코 성인에게 선물로 주었습니다. 그러나 프란치스코 성인은 물고기에게 다시는 잡히지 말라고 경고한 뒤, 다시 물속으로 놓아주었습니다.

프란치스코 성인은 새들에게도 설교를 했다고 합니다. 이 일화는 상상 속 허구가 아닙니다. 최근에 보나벤투라 성인이 쓴 전기 《성 프란치스코의 생애》를 읽어 보게 되었는데, 그 책에 이와 관련된 유명한 일화가 언급되어 있었습니다. 프란치스코 성인이 세속을 등진 채 기도에 전념할 것인지, 아니면 복음 설교자로서 세상을 돌아다녀야 하는지에 대해 인간적인 갈등을 하던 시기의 이야기입니다.

깊은 고심 끝에 프란치스코 성인은 하느님께서 자신에게 복음 전파의 소명을 주셨음을 깨닫게 됩니다. 그리고 하느님의 명령을 이행하기 위해 거리로 나섭니다. 여기까지의 전개를 보면 프란치스코 성인이 우선 마을로 달려가 사람들에게 복음을 전파했을 거라 짐작하기 쉽지만, 프란치스코 성인은 새들에게 먼저 다가갑니다. 그리고 이렇게 말합니다. "나의 형제자매인 새들이여, 너희에게 깃털을 입혀 주시고 날 수 있는 날개와 신선한 공기를 주시며 근심 걱정 없이 지낼 수 있도록 돌보아 주시는 너희 창조주를 찬양하여라."

이 말을 들은 새들은 목을 쭉 뺀 채 날개를 펼치고 부리를 벌려 프란치스코 성인을 바라보았습니다. 프란치스코 성인이 새들 한가운데로 걸어가는 동안, 새들은 성인의 옷자락을 스치며 자리를 떠나지 않았습니다. 그러다가 프란치스코 성인이 십자가를 긋고 떠나도 좋다 허락하자 그제야 하늘로 날아올랐습니다.

이 이야기를 떠올릴 때 자연스럽게 연상되는 미술 작품은 지오토가 그린 〈새들에게 설교하는 성 프란치스코〉입니다. 이 작품은 13세기 경 그려진 프레스코 벽화로, 아시시의 성 프란치스코 성당 상부에 걸려 있습니다. 프란치스코 성인은 동료 수사와 함께 나무 앞에 서 있고, 프란치스코 성인 앞에 흩어져 있는 많은 새들이 오로지 프란치스코 성인만을 바라보고 있는 장면을 그린 그림입니다. 프란치스코 성인은 새들을 향해 약간 몸을 숙이고 오른손을 들어 새들을 축복합니다. 하느님이 이루신 창조의 신비에 존경과 경이를 표하는 모습입니다.

현대 예술가들의 조각이나 동상에서도 프란치스코 성인의 모습을 볼 수 있습니다. 주로 머리 주변으로 새들이 날아드는 모습이 많습니다. 하느님이 만드신 피조물에 대한 존중과 사랑이 느껴지는 작품들입니다.

프란치스코 성인이 피조물을 '형제'와 '자매'라고 부른 것은, 그들을 지배의 대상이 아닌 동등한 창조물로 인정했기 때문입니다. 오늘날 소박한 모습의 프란치스코 성인의 동상이 새들을 위한 수반이나 풀숲 사이에 놓이는 이유도 그와 같은 맥락일 겁니다.

프란치스코 성인은 자신을 하느님이 창조하신 피조물의 보호자이자 종으로 여겼습니다. 그런 마음으로 새와 물고기와 담쟁이덩굴에게까지 따뜻한 형제가 되어 준 것입니다.

이런 이유들로 요한 바오로 2세 교황은 1979년에 아시시의 프란치스코 성인을 '생태계의 수호성인'으로 지정했습니다. 교황은 프란치스코 성인을 "창조 보존을 깊고도 참되게 존중한 본보기"라고 칭하며 이렇게 덧붙였습니다.

"프란치스코 성인은 동물, 식물, 자연력, 심지어 형님인 태양과 누이인 달까지 모든 피조물을 하느님께 영광을 드리고 찬미하기 위해 초대했습니다."

이야기를 마치며

이야기를 마치며

우리는 주님께 피조물에 대한 사명을 받았습니다.

"너희는 온 세상에 가서 모든 피조물에게 복음을 선포하여라."(마르 16,15)

이 말씀은 우리가 모든 피조물에게 어떤 의무를 지니고 있는지를 알려 줍니다. 우리는 이러한 의무를 잘 지켜야 합니다.

하느님과 우리가 끈끈하고 다정한 유대 관계를 맺고 있듯, 우리와 동물들도 무척 친근하고 긴밀한 관계로 연결되어 있습니다. 사랑하는 강아지와의 모습을 떠올려 보세요. 저는 연민을 가득 품고 저를 바라보던 피피의 눈빛을 잊을 수 없습니다. 피피 덕분에 저는 어머니의 죽음으로 인한 상실감을 달랠 수 있었습니다.

피피와 제가 느꼈던 유대감은 인간끼리의 관계를 뛰어넘는 것이었습니다. 게다가 동물들은 인간에게 변함없는 사랑을 줍니다. 그 한결같은 관계 안에서 우리는 하늘나라를 경험할 수 있습니다. 하늘나라를 미리 맛보는 것이지요.

하느님께서 우리의 강아지를 하늘나라에 데려가실지 어떨지는 정확히 알 수 없습니다. 하지만 모든 것의 주인이신 하느님께서 우리가 강아지를 아끼는 것보다 훨씬 더 따뜻하게 우리의 강아지를 아껴 주신다는 것만은 분명합니다. 우리의 강아지는 그분의 품 안에서 행복할 것입니다.

삶은 선물입니다. 하느님과 함께이기에 더없이 소중한 은총입니다. 하느님은 우리가 행복하시기를 바라십니다. 그러므로 우리가 간절히 바란다면 하느님께서는 우리에게 하늘나라에서 우리 강아지를 다시 만나 영원히 함께할 수 있는 은총을 주실 것입니다.

이사야서에 의하면 하늘나라의 모습은 "늑대가 새끼 양과 함께"(이사 11,6) 사는 곳이라고 합니다. 그러니 분명 하늘나라에서 우리는 혼자이지 않을 것입니다. 늑대가 새끼 양과 함께 살듯이 우리가 강아지, 고양이와 함께 사는 모습도 그려 볼 수 있을 것입니다. 그렇기에 우리는 이렇게 말할 수 있을 것입니다.

"저희는 모든 피조물을 구원하시는 하느님의 사랑에 가슴 깊이 감사드립니다. 그리고 주님께서 우리 강아지를 매우 아껴 주실 것을 믿습니다. 또한 주님께서 제가 하늘나라에 갔을 때 우리 강아지를 만나게 하여 제가 행복하도록 해 주실 것을 저는 믿습니다!"

세 가지 축복의 기도

모든 동물, 물고기, 새, 그리고 그 밖의 피조물을 위하여

성경 묵상

그분께서는 만물에 앞서 계시고

만물은 그분 안에서 존속합니다. (콜로 1,17)

하느님의 모든 피조물을 위한 기도

모든 피조물을 만드신 창조주 하느님, 찬미받으십시오.
주님께서는 창조 닷샛날과 엿샛날에
바다에는 물고기를, 하늘에는 새를, 땅에는 동물을
만드셨습니다.
그리고 주님께서 만드신 이 모든 피조물들을
프란치스코 성인에게 형제자매라고 부르게 하셨습니다.
주님께서 이처럼 모든 피조물들을 아끼시니
저희 곁에 있는 이 피조물들에게도 복을 내려 주십시오.
주님 사랑의 힘으로 이 피조물들이 주님의 계획에 따라
살게 해 주십시오.
그리고 저희가 언제나 이 피조물을 통해 주님의 아름다
움을 찬미하게 하십시오.
아멘.

반려동물이 아플 때 드리는 기도

하늘에 계신 창조주 하느님,
주님의 영광을 위하여 모든 피조물을 만드시고
저희에게 이를 돌보게 하셨으니,
주님께서 맡겨 주신 (   )의 건강과 원기를
회복시켜 주십시오.
(   )이 언제나 주님의 따뜻한 보호를 받게
해 주십시오.
주 하느님, 찬미받으십시오.
주님의 이름은 영원히 거룩하게 빛나십니다.
아멘.

세상을 떠났거나 떠나려는 동물을 위한 기도

사랑하는 주 하느님,
저희가 사랑하는 고양이 (   )이 이제 마지막 여행을 떠납니다.
주님께서 보내 주신 (   )은 저희에게 선물과도 같았습니다.
(   )이 그동안 저희에게 안겨 준 기쁨과 사랑 덕분에
저희는 (   )을 매우 그리워할 것입니다.
부디 (   )을 강복하시어 그에게 평화를 주소서.
부디 (   )을 영원토록 보살펴 주소서.
인간의 이해를 뛰어넘는 주님의 크신 자비로
(   )이 주님 품 안에서 행복하게 지내도록 주님께서 아껴 주소서.
아멘.

피조물이 함께하는 기도 1 : 시편 148편

할렐루야!
주님을 찬양하여라, 하늘로부터.
주님을 찬양하여라, 높은 데에서.
주님을 찬양하여라, 주님의 모든 천사들아.
주님을 찬양하여라, 주님의 모든 군대들아.
주님을 찬양하여라, 해와 달아.
주님을 찬양하여라, 반짝이는 모든 별들아.
주님을 찬양하여라, 하늘 위의 하늘아
하늘 위에 있는 물들아.
주님의 이름을 찬양하여라,
그분께서 명령하시자 저들이 창조되었다.
그분께서 저들을 세세에 영원히 세워 놓으시고
법칙을 주시니 아무도 벗어나지 않는다.

주님을 찬미하여라, 땅으로부터.
용들과 깊은 모든 바다들아
불이며 우박, 눈이며 안개
그분 말씀을 수행하는 거센 바람아
산들과 모든 언덕들
과일나무와 모든 향백나무들아
들짐승과 모든 집짐승
길짐승과 날짐승들아

세상 임금들과 모든 민족들
고관들과 세상의 모든 판관들아
총각들과 처녀들도
노인들과 아이들도 함께
주님의 이름을 찬양하여라.
그분 이름 홀로 높으시다.
그분의 엄위 땅과 하늘에 가득하고
그분께서 당신 백성 위하여 뿔을 세우셨으니
당신께 충실한 모든 이에게,
당신께 가까운 백성 이스라엘 자손들에게 찬양 노래이
어라.
할렐루야!

하느님의 현존을 향해 나아가는 기도 여정에 인간이 아닌 피조물도 함께 참여
하도록 하는 기도입니다. 하느님의 피조물을 폭넓게 아우르는 이 찬가로 기도해
보시길 권합니다.

피조물이 함께하는 기도 2: 프란치스코 성인의 기도

피조물의 찬가

지극히 높으시고 전능하시고 자비하신 주님!
찬미와 영광과 칭송과 온갖 좋은 것이 당신의 것이며
홀로 당신께만 드려야 마땅하오니 지존이시여!
사람은 누구도 당신 이름을 부르기조차 부당하나이다.

저의 주님, 찬미받으소서.
주님의 모든 피조물과 함께,
특히 형님인 태양으로 찬미받으소서.
태양은 낮이 되고 주님께서는 태양을 통하여
우리에게 빛을 주시나이다.
태양은 아름답고 찬란한 광채를 내며
지극히 높으신 주님을 담고 있나이다.

저의 주님, 찬미받으소서.
누이인 달과 별들로 찬미받으소서.
주님께서는 하늘에 달과 별들을
맑고 사랑스럽고 아름답게 지으셨나이다.

저의 주님, 찬미받으소서.
형님인 바람과 공기로,
흐리거나 맑은 온갖 날씨로 찬미받으소서.
주님께서는 이들을 통하여 피조물을 길러 주시나이다.

저의 주님, 찬미받으소서.
누이인 물로 찬미받으소서.
물은 유용하고 겸손하며 귀하고 순결하나이다.

저의 주님, 찬미받으소서.
형님인 불로 찬미받으소서.
주님께서는 불로 밤을 밝혀 주시나이다.
불은 아름답고 쾌활하며 활발하고 강하나이다.

저의 주님, 찬미받으소서.
누이요, 우리 어머니인 땅으로 찬미받으소서.
땅은 우리를 품고 기르시며
울긋불긋 꽃들과 풀들과 모든 과일을 내시나이다.

저의 주님을 기려 높이 찬양하고 감사드리며,
한껏 겸손을 다하여 주님을 섬기나이다.

프란치스코 성인이 지은 〈피조물의 찬가〉는 창조주를 찬양하는 노래이면서 여러 피조물에게 같이 주님을 찬양하자고 초대하는 노래입니다. 프란치스코 성인은 여러 피조물을 '형님'과 '누이'라고 부릅니다. 우리가 자애로운 한 '아버지' 밑에 있는 한 '피조물 가족'임을 최대한 강조합니다. 그리고 우리가 한 가족인 이들 피조물과 우리를 창조하신 분께 목소리 높여 찬양하도록 초대합니다.

피조물이 함께하는 기도 3 : 다니 3,62-66

해와 달아, 주님을 찬미하여라.
영원히 그분을 찬송하고 드높이 찬양하여라.
하늘의 별들아, 주님을 찬미하여라.
영원히 그분을 찬송하고 드높이 찬양하여라.
비와 이슬아, 모두 주님을 찬미하여라.
영원히 그분을 찬송하고 드높이 찬양하여라.
바람아, 모두 주님을 찬미하여라.
영원히 그분을 찬송하고 드높이 찬양하여라.
불과 열아, 주님을 찬미하여라.
영원히 그분을 찬송하고 드높이 찬양하여라.

성경에 나오는 찬미가에서도 피조물과 자연에게 창조주이신 주님을 찬양하자고 말하며 하느님께 향하는 여정에 동행하자고 권합니다.

지은이 잭 빈츠 ───────────────────────

오랫동안 〈성 안토니오 메신저 *St. Anthony Messenger*〉 잡지의 편집자로 일하면서, 캘커타의 마더 데레사, 진 켈리, 밥 뉴하트, 마틴 쉰에 이르기까지 수많은 유력 인사들을 인터뷰했다. 은퇴 전에는 온라인 뉴스레터인 〈*Friar Jack's E-spirations*〉의 저자로 활동했다. 현재 신시내티에 거주하고 있다.

옮긴이 임정희 ───────────────────────

이화여자대학교 교육심리학과를 졸업하고, 한국외국어대학교 통번역대학원에서 독일어 석사 학위를 취득했다. 현재 전문 번역가로 활동하고 있다. 역서로는 《엘리야와 함께 걷는 40일》, 《주님, 나이 드는 것도 좋군요》 등이 있다.